Günter Mohr
Wenn nur du überlebst

Günter Mohr wurde am 15.07.1929 geboren und von 1937 bis 1945 als Kind in mehreren Konzentrationslagern gefoltert und gequält, war Opfer von medizinischen Experimenten.

Er hat die Konzentrationslager überlebt, ebenso den Untergang der Cap Arcona am 03. Mai 1945 als einer der wenigen KZ-Häftlinge im Schiff.

Mit 16 Jahren aus dem KZ entlassen, konnte er weder lesen noch schreiben, hat sich dies alles selbst beigebracht.

Günter Mohr ist ein lebensbejahender Mensch geblieben, hat Schornsteinfeger und Maschinenmeister gelernt; er ist 7-facher Vater geworden, hat Enkel und Urenkel, lebte viele Jahre in Limbach-Oberfrohna und jetzt zusammen mit seiner Frau in einer altersgerechten Wohnanlage in Chemnitz.

Der Herausgeber

Dr. med. Dipl.-Psych. Albert F. Klepper, M. A., 1958 geboren, drei Kinder, Psychiater, Psychotherapeut und Psychoanalytiker in eigener Praxis in Limbach-Oberfrohna und ärztlicher Leiter der Rehabilitationsklinik für Psychisch Kranke in Glauchau. In der Politik aktiv als Lokalpolitiker für Bündnis 90/Die Grünen (Kreisrat, Stadtrat), Mitinitiator der Stolpersteinverlegungen in Limbach-Oberfrohna. Im Rahmen dieser Aktionen lernte er Herrn Mohr kennen.

Günter Mohr

WENN NUR DU ÜBERLEBST

Ein Kinderhäftling überlebt im KZ

Herausgegeben von
Dr. Albert Klepper

edition fischer

Bibliografische Information der Deutschen Nationalbibliothek:
Die Deutsche Nationalbibliothek verzeichnet diese Publikation in der
Deutschen Nationalbibliografie; detaillierte bibliografische Daten
sind im Internet über http://dnb.dnb.de abrufbar.

© 2020 by edition fischer GmbH
Orber Str. 30, D-60386 Frankfurt/Main
Alle Rechte vorbehalten
Schriftart: Palatino 12pt
Herstellung: ef/bf/2B
ISBN 978-3-86455-

Es ist Freitag, der 6. März 2020. Ich sitze im Wohnzimmer von Herrn Mohr, der 1929 in Lübeck geboren wurde. Der hochbetagte Mann schaut mich freundlich und ganz wach an. Wir unterhalten uns über die aktuelle Situation. Er findet es schrecklich, dass die deutsche Regierung so verroht ist und nicht einmal unbegleitete Kinder und jugendliche Geflüchtete an der türkisch-griechischen Grenze nach Deutschland kommen lässt. Stattdessen wird an der europäischen Grenze aufgerüstet und Menschen in Not werden nicht hineingelassen.

»Haben denn die Deutschen nichts gelernt?«, fragt er mich und fragt weiter, wie eine Partei wie die AfD, die so nationalistisch, rassistisch und homophob ist, so viele Stimmen bekommen kann.

Herr Mohr und seine Frau sind wie immer gastfreundlich. Wir trinken Kaffee zusammen. Herr Mohr ist in keine Schule gegangen, er war als Kind bis zu seinem 16. Lebensjahr im Konzentrationslager. Aber er sei nicht verbittert, sagt er. Er ist siebenfacher Vater, sechs Kinder leben noch. Er ist

dankbar, dass er seine Enkel und Urenkel noch er-
leben darf. Nach dem Tod seiner Ehefrau 1981 ist ein
neues Glück in sein Leben getreten und stolz erzählt
er von der Silberhochzeit, die er letztes Jahr mit
seiner zweiten Ehefrau gefeiert hat.

Wir kommen auf den Beginn unserer Bekanntschaft
vor sechs Jahren zu sprechen.

Engagierte Bürger und Bürgerinnen der Stadt
Limbach-Oberfrohna, die sich gegen das Vergessen
der Nazi-Verbrechen einsetzen, wozu auch meine
Partnerin und ich gehören, machten eine Aktion auf
dem Johannisplatz unserer Stadt mit 60 Schildern,
wobei auf jedem Schild der Name eines von den
Nazis ermordeten Limbacher Bürgers stand, egal
aus welchen Gründen (Kommunist*in, Sozialist*in,
aus religiösen Gründen, Sinti*zze und Rom*nja,
»unwertes Leben«, usw.) ermordet.

Ein alter Mann, Herr Mohr, wurde von seiner
Ehefrau mit dem Rollstuhl zu uns gefahren und er
berichtete uns, dass er als Kind im KZ war von 1937
bis 1945.

Wir waren erschüttert von seiner Geschichte, die
Tötung der Kinder in den Konzentrationslagern –
und er hat überlebt. Wir baten ihn daher, seine
Geschichte als Kind im KZ aufzuschreiben.

Im folgenden Bericht haben wir das erschütternde Kinderschicksal wörtlich ohne Veränderungen von Herrn Mohr übernommen. Ich fügte lediglich die Hintergrundinformationen hinzu.

Heute ist Herr Mohr 91 Jahre alt und ein glücklicher Mensch.

Er ist ein Mann, der am 15.07.1929 in Lübeck geboren wurde und viel in seinem Leben erlebt hat. Viele Jahre lang war er ein Bürger von Limbach-Oberfrohna und lebt seit 2017 in Chemnitz. Über die früheste Zeit seines Lebens zwischen 1937 und 1945 hat er sein Leben lang geschwiegen und erst jetzt, wo seine Lebenstage zerrinnen, kann er über die finsteren Zeiten als Kinder-KZ-Häftling berichten.

Er nutzt die letzte Gelegenheit, die Nachkommen teilhaben zu lassen an dem, was er erlebt hat im Sinne eines »Nie wieder Faschismus! Nie wieder Krieg!«

Ich versuchte ihm nur zuzuhören und nur nachzufragen, wenn ich etwas nicht verstanden hatte.

So entstand dieses kleine Buch.

Bericht des Herrn Mohr

2. November 1937

Meine Eltern hatten sich vor zwei Jahren getrennt. Ich lebte mit meiner Mutter in unserem Haus in Lübeck-Karlshof, einer kleinen Siedlung am Rande der Stadt. Mein Vater und meine Schwester lebten in Mainz.

Am 2. November 1937 gegen 04.00 Uhr morgens kam die Gestapo ins Haus und verhaftete uns. Damit war meine bis dahin sehr schöne Kindheit vorbei.

Fünf Männer stürmten in unsere Wohnung. Dadurch wurde ich wach und wusste natürlich nicht, warum die Männer da waren. Im Wohnzimmer sah ich meine Mutter, lief zu ihr und suchte Schutz.

Wir wurden brutal auseinander gerissen. Ich bekam fürchterliche Prügel und wurde auf einen großen Blumentisch mit vielen Kakteen geworfen. Da ich nur ein Nachthemd anhatte, war ich voller Dornen, die unheimlich weh taten.

Nachdem ich mich halbwegs angezogen hatte, wurden wir getrennt voneinander abtransportiert.

Ich wurde in eine SS-Kaserne gebracht. Dort waren mehrere Kinder im Alter von 7 bis 16 Jahren.

Mein leises Wimmern blieb den anderen Kindern nicht verborgen.

Als ich meine Jacke ausgezogen hatte, sahen sie, was mit mir los war. Man fing an, die Dornen zu entfernen. Bis 50 wurde gezählt, dann gab man das Zählen auf. Die Wunden verheilten nur sehr langsam. Wasser zum Waschen gab es nicht.

Drei Wochen waren wir auf engstem Raum eingesperrt. Die Toilette waren zwei Eimer ohne Deckel. Zum Schlafen legten wir uns auf den Fußboden. Der Gestank im Zimmer war unerträglich. Da der Raum ohne Fenster war, konnten wir auch nicht lüften. Essen und Trinken gab es nur sehr unregelmäßig.

Dann kam endlich der Tag, an dem wir mal wieder frische Luft atmen konnten. Auf dem Kasernenhof wurden wir auf einen Lkw verladen.

Wir wurden in eine andere Kaserne gebracht, aber wohin genau, haben wir nie erfahren.

Dort wurde das Leben für uns etwas besser.

Essen gab es regelmäßig und es war auch etwas besser. Wasser und Toilette waren auch vorhanden. Unsere Bewacher waren nicht von der SS. Zum Schlafen hatten wir nur neun Betten – wir waren aber 14 Kinder.

Im Mai 1938 konnte ich mich waschen, bekam saubere Unterwäsche und einen Anzug, der mir sehr bekannt vorkam. Es war mein eigener.

Draußen vor dem Tor wartete meine Oma aus Holtenau auf mich. Sie hatte meine Wäsche mitgebracht. Wir gingen etwa eine halbe Stunde und kamen dann zu einem Bahnhof. Dort stiegen wir in einen Zug ein, der nach Kiel fuhr. Auf meine Frage, wo meine Mutter sei, bekam ich keine Antwort. Meine Oma hat mit mir kaum ein Wort gesprochen. Erst als wir in Holtenau waren und mein Opa mich begrüßt hatte, gab es auf meine Fragen sehr zögerliche Antworten.

Holtenau

Der Aufenthalt bei meinen Großeltern war für mich sehr eigenartig.

Ich kam in eine völlig andere Welt. Alle gehörten der Partei an. Es wurde nur mit »Heil Hitler« gegrüßt. Onkel Adolf, Onkel Gerhard, Onkel Willy waren Parteigrößen und meine Oma hatte das goldene Mutterkreuz bekommen. Deshalb hatten sie mich auch aus dem Lager holen können, wie ich später erfuhr.

Nach zwei Wochen wurde ich in der Schule angemeldet.

Meine Klassenlehrerin, Fräulein Dahm, empfing mich mit den Worten: »Der Neue ist ein Zigeunerlümmel. Setz dich in die hintere Reihe und halte die Klappe.« In der Pause wurde ich von einigen Kindern gehänselt. Nach der Schule ging ich zu meinem Opa und erzählte ihm alles.

Nun erfuhr ich erst mal, dass meine Mutter eine Zigeunerin ist und deshalb eingesperrt wurde. Deshalb sei ich auch im Lager gewesen.

Mein Opa wusste von seinen anderen Enkelkindern, dass Fräulein Dahm sich morgens eine Decke unter ihren Stuhl legen ließ. Opa gab mir zehn extra lange Heftzwecken und sagte zu mir: »Die lege auf den Stuhl und dann die Decke darüber, damit man sie nicht sieht.«

Am Morgen legte ich die Heftzwecken auf den Stuhl und die Decke darüber. Kein Schüler hinderte mich daran. Fräulein Dahm hatte einen sehr korpulenten Körper und ließ sich so richtig auf den Stuhl fallen. Ein Schrei ertönte und sie stand wieder, aber die Decke hing am Hintern fest. »Wer war das?« Ich meldete mich.

Der einzige Kommentar: »Setz dich!«

Ich sah meinen Opa in der Pause auf dem Schulhof. Er unterhielt sich mit Fräulein Dahm. Die Unterhaltung verlief sehr lebhaft. Mein Opa redete mit Händen und Füßen. Als ich am Mittag nach Hause kam, sagte Opa zu mir: »Du hast alles so gemacht, wie ich es dir gesagt habe. Jetzt wird man dich in Ruhe lassen.« So war es auch.

Bald hatte ich einige Freunde, mit denen ich spielen konnte.

Immer wieder fragte ich nach meinem Vater und meiner Schwester Inge. Warum holte er mich nicht nach Mainz? Als ich wieder einmal fragte, sagte Opa: »Dein Vater ist nicht mehr mein Sohn – er ist ein Feigling, vergiss ihn!«

Zu Opa hatte ich ein sehr gutes Verhältnis, zu Oma weniger.

Sie haben meinetwegen oft gestritten. Deshalb war ich sehr erstaunt, als Oma eines Tages zu mir sagte: »Zieh dein gutes Zeug an; ich will dir etwas

Schönes zu Weihnachten kaufen.« Opa war nicht zu Hause, als wir aus dem Haus gingen. Das war etwa 14 Tage vor Weihnachten. Es regnete sehr stark und es war kalt. Wir gingen aber nicht in die Stadt, sondern nach außerhalb, wo keine Häuser mehr waren. Dann ging alles sehr schnell. Ein Auto kam. Man zerrte mich hinein und los ging es. Wir sind gar nicht weit gefahren. Dann waren wir in einem Barackenlager unter der Holtenauer Hochbrücke. Weil ich weinte, bekam ich auch noch Prügel. »Nun hast du einen Grund zum Heulen.«

Dann musste ich meinen Mantel ausziehen. Der Wachmann brachte mich in eine Baracke und verschwand mit meinem Mantel. Meine Welt brach wieder einmal zusammen. Warum hat Oma mir das angetan? Auf diese Frage habe ich nie eine Antwort bekommen.

Die Stube war sehr kalt. Es waren mehrere Männer dort, aber leider sprach keiner deutsch. Später hörte ich, dass es Polen oder Russen waren, die auf der Flucht ergriffen wurden. Stühle oder Betten gab es auch nicht. So setzte sich jeder, der nicht mehr stehen konnte, auf den Fußboden.

In der Nacht lagen wir alle dicht beieinander, um uns gegenseitig zu wärmen. Ich fror fürchterlich, weil ich keinen Mantel mehr hatte.

Mein Nachbar stand plötzlich auf, zog seinen Mantel aus und zog mich hoch, um mich in seinen Mantel einzuwickeln. Unterhalten konnten wir uns nicht, aber wir verstanden uns auch ohne Worte. Ich war meinem »Freund« sehr dankbar und gab nach ein paar Stunden den Mantel zurück. Der Tausch fand noch einige Male in der Nacht statt.

Am anderen Morgen regnete es nicht mehr und so ging jeder mal nach draußen, um frische Luft einzuatmen.

Als ich draußen war, sah ich einen Jungen außerhalb des Lagers, der heftig winkte. Als ich ihn näher betrachtete, erkannte ich meinen Mantel. Er zog ihn aus und warf ihn über den Zaun. Sofort rannte er weg. Ein paar Meter weiter stand eine Frau und gab ihm einen Mantel. Beide entfernten sich sehr schnell. So konnte ich die Gesichter auch nicht erkennen. War der Wachmann sein Vater? Diese Frage habe ich mir oft gestellt.

Ich war natürlich hocherfreut, dass ich meinen Mantel wieder hatte. Als ich ihn aufheben wollte, hatte mein neuer Freund ihn schon in der Hand und half mir beim Anziehen. Schon nach kurzer Zeit spürte ich, wie mir warm wurde. Vor Freude begann ich zu weinen. Als wir uns ansahen, sah ich auch in seinen Augen Tränen. Darüber war ich sehr erstaunt. Da gab es auf einmal einen fremden

Menschen, der sich mit mir freuen konnte. Aber es gab auch eine Oma, die mich verraten hatte!

Essen gab es sehr unregelmäßig, aber ich bekam immer meinen Teil ab. Es wurde ehrlich geteilt. So vergingen die Tage bis Weihnachten.

Einige wurden zum Verhör heraus geholt und kamen meistens misshandelt zurück. Am Weihnachtsabend hat mir jeder von seinem Essen etwas abgegeben, so dass ich einmal richtig satt war. Am Abend konnte ich mal wieder lächeln.

Alle Häftlinge waren freundlich und nett zu mir – aber warum?

Diese Frage stellte ich mir immer wieder. Weil ich ein Kind war? Tat ich ihnen deshalb leid?

Nach einigen Wochen wurde das Lager offenbar aufgelöst. Die Männer wurden alle auf einen geschlossenen Lkw verladen und fuhren weg. Auch mein Freund war dabei. Wir haben uns leider nie wieder gesehen. Dann musste auch ich allein in einen Lkw steigen und die Fahrt ging los. Ich habe nie erfahren, wohin ich gebracht wurde und wo ich die nächsten Jahre verbrachte. Über diese Zeit kann ich auch heute noch nicht reden. Kein Mensch kann sich vorstellen, wozu Menschen fähig sind. Aber diese Menschen waren keine Menschen. Einer wollte den anderen im Quälen noch übertrumpfen.

Da wir nur Kinder in diesem Lager waren, hatten unsere Peiniger natürlich ein leichtes Spiel mit uns. Die schlimmste Folter war: Man musste sich auf einen Hocker setzen, der vor einem Pfahl stand. Dann wurde man festgebunden, so dass man sich nicht mehr bewegen konnte. Darüber war ein Eimer, der ein kleines Loch hatte. Der Eimer wurde mit Wasser gefüllt. Dann tropfte das Wasser auf den Kopf. Tropfen für Tropfen. Da man den Kopf nicht wegdrehen konnte, traf der Tropfen immer auf die gleiche Stelle. Schon nach kurzer Zeit waren es fürchterliche Schmerzen, die man erdulden musste. Es dauerte bis zu 2,5 Stunden.

Mit einem Jungen hatte ich mich besonders gut angefreundet.

Er hieß Erwin Baer und war drei Jahre älter. Seine Eltern waren Juden und hatten ihn sehr gläubig erzogen. Ich sah ihn oft beten. Er hatte diese fürchterliche Tortur mal wieder überstanden. Nach drei Stunden hatte er sich etwas erholt, da sagte er weinend zu mir: »Ein Gott, der so etwas zulässt, den werde ich nicht mehr anbeten.«

Da unser Lager immer nur B-B genannt wurde, tauchte später für mich die Frage auf: Waren wir in Bergen-Belsen?

Hintergrundinformationen zum Konzentrationslager Bergen-Belsen[1]

Mindestens 52.000 Menschen starben in Bergen-Belsen an Krankheiten, Seuchen oder verhungerten. Für Tausende Menschen war das Konzentrationslager Bergen-Belsen eine Durchgangsstation in Vernichtungslager.

Mit dem Russlandfeldzug wurde Bergen-Belsen ab 1941 zum sogenannten »Russenlager« im Deutschen Reich mit der Bezeichnung Stalag XI C (311). Aufgrund der Rassentheorie wurden die sowjetischen Gefangenen von den Gefangenen anderer Staaten strikt getrennt und besonders schlecht behandelt. Sie wurden einer systematischen Unterernährung ausgesetzt, um sie verhungern zu lassen.

Mit der hohen Todesrate war die Arbeitsleistung unterdurchschnittlich, so dass deutsche »Arbeitgeber« sich beschwerten, dass sowjetische Kriegsgefangene zu wenig in der Kriegsproduktion ausbeutbar waren.

Besonders im Jahr 1945 war das KZ Bergen-Belsen Ziel großer Todesmärsche aus anderen Lagern aufgrund des Vorrückens der alliierten Truppen von West und Ost.

Die britische Armee befreite das Lager am 15. April 1945. Sie fanden tausende unbestattete Leichen und noch

[1] Gedenkstätte Bergen-Belsen
https://bergen-belsen.stiftung-ng.de/de/geschichte/
(abgerufen am 24.04.2020)

mehr todkranke Menschen vor. Viele von ihnen starben nach den ersten Tagen der Befreiung an den Folgen ihrer Haft.

Bergen-Belsen steht für die schreckliche Barbarei des nationalsozialistischen KZ-Systems.

Eines Tages wurden 25 Kinder von uns nach Neuengamme gebracht.

Nach ein paar Tagen kamen Soldaten in Marineuniform ins Lager und suchten 20 Kinder im Alter von circa 12 bis 17 Jahren aus.

Wir wurden in das KZ-Außenlager Kaltenkirchen gebracht. Die Baracken standen in Heidkaten in einem Waldkomplex. Dort war auch die Stabskompanie der Marine untergebracht. Wir waren 20 Kinder im Alter von 12 bis 17 Jahren, die für verschiedene Menschenversuche gebraucht wurden.

Ein Arzt untersuchte uns. Da wir alle unterernährt waren, bekamen wir für etwa drei Wochen gutes Essen. Dann aber wurden wir auf einem großen Anhänger, der aussah wie ein Möbelwagen, im Inneren aber einem U-Boot nachgebaut war, verladen. Jeder bekam seinen Schlafplatz zugeteilt. Dieser war 1,25 m lang, 60 cm breit und 70 cm hoch – aber ohne Matratze.

Unser »U-Boot« konnte man beliebig mit Luft

oder irgendwelchen Chemikalien füllen – so auch mit Quecksilber. Meistens aber war es der Überdruck, der uns so fürchterlich zusetzte.

Damit begann für uns wieder eine fürchterliche Zeit, denn der Arzt, der diese Versuche durchführte, war nicht nur ein Sadist, sondern auch ein Teufel.

Konzentrationslager Neuengamme[2]

In den historischen Quellen zum Konzentrationslager Neuengamme, einschließlich aller Außenlager wie das KZ Kaltenkirchen, fehlen Hinweise bezüglich der Kinderversuche in dem U-Boot.

Es liegen in der Tat keine Hinweise mehr zu diesen mörderischen Experimenten an Kindern in diesem Lager vor – Herr Mohr ist der einzige Überlebende; die diesbezügliche geschichtliche Aufarbeitung dieses Lagers könnte möglicherweise um diesen Aspekt erweitert werden.

Natürlich handelt es sich in dem Bericht von Herrn Mohr um die Erinnerung eines Mannes, wie er als Kind unter den grausamen Verbrechen der deutschen Faschisten überlebt hat.

Das Konzentrationslager Neuengamme wies ein Netz

---

[2] KZ-Gedenkstätte Neuengamme
https://www.kz-gedenkstaette-neuengamme.de/index.php?id=413
(abgerufen am 26.04.2020)

von 60 Außenlagern in ganz Norddeutschland auf. Kurz vor Kriegsende räumte die SS sämtliche Lager, so dass es kein Datum für die Befreiung des KZ Neuengamme gibt, weil kein Mensch mehr befreit werden konnte.

Auf den Todesmärschen, z. B. in das KZ Bergen-Belsen, starben viele Menschen. Während 4.000 skandinavische Häftlinge das KZ Neuengamme mit den berühmten »Weißen Bussen« am 20. April 1945 verlassen durften, wurden viele tausend Häftlinge nach Lübeck gebracht, auf Schiffe verladen, die als schwimmende Konzentrationslager dienten. Am 3. Mai wurden die in der Neustädter Bucht ankernden Schiffe von britischen Kampfflugzeugen angegriffen, die in ihnen deutsche Truppentransporter vermuteten.

7.000 Häftlinge verbrannten in den Schiffen oder ertranken.

Kinder, die seit 1938 von den Nazis in Konzentrationslager kamen, waren meist Sinti und Roma.

Im nationalsozialistisch besetzten Europa wurden 500.000 Sinti und Roma in Konzentrationslager verschleppt; oft wurden sie zuerst als Zwangsarbeiter ausgebeutet und dann in die Todeslager verschleppt. Die Kinder wurden oft zu medizinischen Experimenten missbraucht, viele starben daran.

Auch gegen Ende des Naziregimes erlitten die überlebenden Sinti und Roma Entsetzliches und starben oftmals auf den Todesmärschen.

Ein Beispiel unter tausenden von Schicksalen: »Plötzlich sah meine Mutter, wie sich ein kleiner Sinti-Junge von etwa fünf Jahren bückte, um etwas aufzuheben, was ihm heruntergefallen war. In diesem Augenblick schlug ein SS-Mann dem Jungen mit dem Gewehrkolben auf den Kopf und zertrümmerte ihm den Schädel. Mit einem Fußtritt schleuderte der SS-Mann den Gegenstand, nach dem sich das Kind gebückt hatte, an den Rand der Lagerstraße. Meine Mutter konnte jetzt erkennen, dass es ein kleiner Teddybär war. Als der Transport vorüber war, hat sie einen passenden Moment abgewartet und den Teddybären zu sich genommen, um ihn zu verstecken. Viele Monate lang hat sie ihn heimlich aufbewahrt, nachts an ihrem Körper getragen und schließlich mit auf den Todesmarsch genommen. Die Geschichte mit dem Jungen und seinem Teddybären hat sie niemals losgelassen, bis zu ihrem Tod hat sie immer wieder davon gesprochen.« (Inge Schwark)[3]

[3] Sinti und Roma-Union Rhein Main und Hessen
https://sintiundroma-rhein-main.de.tl/Kinder-im-KZ.htm
(abgerufen am 24.04.2020)

Medizinische Experimente

In vielen Konzentrations- und Vernichtungslagern führten SS-Ärzte medizinische Versuche an Sinti- und Roma-Häftlingen durch. Die Experimente wurden meist von Heinrich Himmler persönlich angeordnet oder genehmigt. Enno Lolling, Chef des Amtes D III im SS-Wirtschaftsverwaltungshauptamt, hatte die Aufgabe, die verschiedenen Versuche an KZ Häftlingen zu koordinieren.

Neben militärischen und staatlichen Stellen waren es die Ärzte selbst, die KZ-Häftlinge als »Versuchsmaterial« anforderten. Unterstützt wurden sie dabei von der Deutschen Forschungsgemeinschaft, welche auch die berüchtigten Zwillingsversuche Mengeles in Auschwitz finanziell förderte. Auch in anderen KZs, wie Natzweiler oder Dachau, fanden medizinische Experimente statt.

Für die Opfer waren die medizinischen Versuche mit unsagbaren Qualen verbunden. SS-Ärzte zwangen Sinti- und Roma-Häftlinge, Giftgas einzuatmen, infizierten sie mit Erregern oder führten Operationen ohne Narkose an ihnen durch. Die wenigen Überlebenden bleiben lebenslang gezeichnet von den körperlichen und seelischen Verletzungen.

Auf Tagungen, auf denen die Ergebnisse der Experimente öffentlich vorgestellt wurden, erhielten weite Teile der Ärzteschaft Kenntnis von den Menschenversuchen.

Proteste gab es nicht. Nur wenige der verantwortlichen Ärzte wurden nach dem Krieg zur Rechenschaft gezogen.« [4]

Kein Schreien von uns drang nach außen, dafür sorgte die gute Isolierung.

Nach etwa zwei Monaten ließ man uns das erste Mal wieder raus. Da wir nicht mehr gehen konnten, krochen wir nach draußen.

Drei Kinder haben es nicht überlebt. Zuerst waren wir froh, mal wieder frische Luft zu atmen, doch dann kam der große Schreck für uns: Unsere neuen Bewacher waren von der SS.

Unter den Bewachern waren drei besonders schlimme Sadisten, die uns das Leben zur Hölle machten. Es waren Rheinländer. Da wir untereinander nur plattdeutsch sprachen, konnten wir miteinander ungehindert sprechen – sie verstanden uns ja nicht.

So vergingen die Monate.

Fast vier Monate bekamen wir morgens, mittags und abends nur Spinat zu essen. Auch das war fürchterlich.

[4] Sinti und Roma-Union Rhein Main und Hessen
https://sintiundroma-rhein-main.de.tl/Medizinische-Experimente.htm
(abgerufen am 24.04.2020)

Im März 1944 sahen wir unter den Frauen auch ein kleines Mädchen. Unser Oberquäler, so nannten wir einen der Bewacher, war bei uns in der Baracke. Er schaute zum Fenster raus und sagte: »Die Kleine werde ich heute Nacht vernaschen«, und ging dann nach draußen. In unserer Gruppe brach Ratlosigkeit aus. Bruno war der Älteste unter uns und sagte: »Das können wir vielleicht verhindern! Sterben werden wir sowieso; hier kommt keiner lebend raus.«

Es waren wieder vier von uns gestorben.

»Wenn er heute Abend wieder zu uns kommt, fallen wir über ihn her und bringen ihn um!«

Am Abend kam er stark schwankend und leicht bekleidet in unsere Baracke, wo wir alle über ihn herfielen. Die Klamotten wurden zerrissen und jeder biss zu, wo er ihn erwischte. Als er keinen Muckser mehr von sich gab, schleiften wir ihn nach draußen. Wir rechneten mit dem Schlimmsten für uns.

Erst am Vormittag kamen einige uns bekannte SS-Leute zu uns in die Baracke. Ein neuer Hauptsturmführer, Herr Freyer, stellte sich vor.

Keiner erwähnte den toten Wachmann. Später hörten wir: »... der war mal wieder besoffen und hat seinen Rausch draußen ausgeschlafen – die Ratten haben ihn angefressen und daran ist er gestorben. Er starb für Führer, Volk und Vaterland.«

Wusste keiner, was wirklich geschehen war?

Warum schwiegen alle?

Ich habe es nie herausgefunden.

Kein Wachmann betrat unsere Baracke mehr allein. Sie kamen nur noch zu dritt. Für uns brach eine bessere Zeit an. Kein Wachmann schlug uns mehr.

Einige Gedanken des Herausgebers zu der Tötung eines Peinigers im KZ

Lange Zeit habe ich überlegt, ob ich nicht Herrn Mohr überreden sollte, diese Textpassage einfach wegzulassen. Ich bin zu der Überzeugung gekommen, dass diese auf jeden Fall auch veröffentlicht werden muss.

In den Konzentrationslagern der Nazis herrschte eine Entmenschlichung; es herrschte eine Mordmaschinerie gegen die Häftlinge fernab jeglichen Rechts, eine Entrechtung der Menschen, ein Grauen vor dem radikal Bösen, der Tod wurde anonymisiert, ein moralisches Handeln war unmöglich.

Es ging also um das blanke Überleben eines jeden. Gerade weil sich Herr Mohr schon als Junge wehren konnte, hat er die Hölle überlebt. Oft habe ich mich gefragt, warum mit so wenig Widerstand – der Aufstand im Warschauer Ghetto ist eine der wenigen Ausnahmen – der

Massenmord von statten ging. Ich denke da zum Beispiel an die Massenerschießungen der Waffen-SS und auch der Wehrmacht in der Sowjetunion; die Gefangenen wussten, als sie das Grab aushoben und sich ausziehen mussten, dass sie ermordet werden und die meisten haben es ohne Widerstand gemacht. Hätten sich viele gewehrt und wenigstens einige der Mörder mit in den Tod genommen, hätte das Bild des unbesiegbaren Nazis Risse bekommen.

Auch in der Bevölkerung hätte es eine produktive Verunsicherung geben können, hätten einige der Ermordeten, die in den deutschen Städten »abgeholt« wurden, sich gewehrt.

Und natürlich müssen wir alle da ganz zurückhaltend sein, niemand von uns kann sagen, wie er oder sie sich verhalten hätte.

Umso stolzer können wir auf Herrn Mohr schauen, der auch in der dunkelsten Stunde nie aufgegeben hat, sich nie in die Rolle des Opferlamms eingefügt hat.[5]

Unser Arzt beschäftigte sich weiter mit uns – inzwischen waren sieben von uns tot.

Am 10. April 1945 fing man an, das Lager zu räumen. Auch wir mussten alle wieder in den Hänger

---

[5] Arendt, Hannah: Elemente und Ursprünge totaler Herrschaft, 20. Auflage, Piper, 2017.

steigen und landeten nach zwei Tagen in der Nähe von Hohnstorf an der Elbe.

Dort mussten wir alle aussteigen und wurden später in einen Viehwaggon verladen. Der Zug fuhr dann nach Lübeck.

Wir waren erschrocken, als wir die Häftlinge aus Neuengamme am Vorwerker Hafen in Lübeck sahen. Völlig verdreckt, zerlumpt und ausgemergelt wurden sie auf den Dampfer »Athen« gebracht. 2.200 Häftlinge sollen es gewesen sein. Unser kleines Häufchen von 13 Kindern fiel in dieser Masse natürlich auf. Dann kamen noch 300 SS-Leute als Bewacher an Bord.

Die »Athen« verließ den Hafen und fuhr durch die Trave auf die Ostsee in Richtung Neustadt.

Neustädter Bucht, 28. April 1945

Dort wartete die »Cap Arcona« auf uns.

Wir gehörten zu den ersten, die an Bord kamen. Der Obersteward, Herr Schwarz, nahm sich unserer an. Wir wurden in Kabinen der 1. Klasse gebracht. Er bat uns, die Einrichtung pfleglich zu behandeln. Wir kamen aus dem Staunen nicht mehr raus. Wir hatten ein Bad mit Dusche und WC – so etwas hatte noch keiner von uns gesehen. Nach vielen, vielen Jahren war waschen angesagt.

Wasser gab es reichlich und warm war es auch. Jens, ein Matrose, brachte uns saubere Wäsche aus der Kleiderkammer, die natürlich viel zu groß war. Aber wir hatten, als wir uns im Spiegel sahen, einen Grund zum Lachen.

Kein Mensch kann sich vorstellen, wie uns zumute war – kein Schmutz mehr an unserem Körper und saubere Wäsche!

Wir legten uns in die Betten. Es war einfach herrlich!

Am nächsten Tag brachte die »Athen« nochmals 2.500 Häftlinge.

Wir bekamen von Herrn Schwarz etwas Essen und Trinken und er sagte, der Krieg könne nicht mehr lange dauern. Es könne sich nur noch um Stunden handeln.

Er fragte uns, wo wir herkommen. Wir erzählten, was man mit uns gemacht hatte. Sprachlos verließ er unsere Kabine.

Der Matrose Jens versorgte uns ab und zu mit etwas Essen. Wir bekamen von ihm nach und nach alle eine Marineuniform.

Am Morgen des 2. Mai 1945 waren schon über 125 Häftlinge verstorben. Auch kam das Gerücht auf, man wolle das Schiff versenken.

Am 3. Mai 1945 begann für uns die Tragödie, womit niemand gerechnet hatte. Der Angriff begann um 14.30 Uhr aus heiterem Himmel.

Ein Dutzend Jagdbomber griffen die »Cap Arcona« an. Alles wurde eingesetzt – Raketen, Bomben, Bordwaffen. Überall Treffer – Vor-, Mittel- und Achterschiff. Die Geschosse rissen große Löcher und töteten alle, die an Deck waren. In fünf Anflügen schossen die Engländer die »Cap Arcona« in Brand. In wenigen Minuten war das Schiff eine brennende Hölle. Die erste Rakete explodierte im großen Speisesaal, den wir eine halbe Stunde vorher verlassen hatten.

Inzwischen hatte sich das Feuer so weit ausgebreitet, dass keiner mehr ans Oberdeck gelangen konnte. Alle Treppen brannten lichterloh.

Jens hatte uns, als der Angriff begann, nach unten

in eine kleine Kammer gebracht. Dort waren wir erst mal ohne Rauch und Qualm. Wir waren alle dreizehn noch beisammen.

Dann legte sich das Schiff langsam auf die Seite. Im Maschinenraum gab es eine fürchterliche Explosion. Wir flogen alle durcheinander.

Die Außenwand hatte einen kleinen Riss bekommen. Die Luft entwich mit einem lauten Geräusch durch dieses Loch.

Jens packte einen nach dem anderen und schob uns vor die Öffnung. Durch den Sog wurden wir nach draußen gerissen und erreichten die Wasseroberfläche. Auch Jens schaffte es noch. Wir konnten uns an Holzteilen festhalten, aber bald machte uns das kalte Wasser kraftlos. Unsere Hoffnung wurde immer geringer.

Plötzlich hörten wir Jens rufen: »Land in Sicht!«

Als wir uns umsahen, lag der Strand 200 Meter vor uns. Die Strömung trieb uns tatsächlich an den Strand. Als wir das Ufer erreicht hatten, lagen dort schon hunderte Leichen, so dass wir nicht an Land kamen.

Ein englischer Soldat kam ins Wasser und half uns heraus. Dann hörte ich ihn rufen: »Help me, that's children!«

Es kamen mehrere Soldaten angelaufen und halfen uns aus dem Wasser. Die Soldaten hatten ihre

Gewehre alle auf einem Platz abgelegt. Da tauchte einer von der SS auf und sagte zu den Soldaten: »Gleich lege ich euch alle um!«

Ich sagte: »Gib mir die Knarre, das mache ich.«

Da ich ja eine Marineuniform trug, gab er mir das Gewehr. Damit habe ich dem SS-Mann ins Bein geschossen und den Soldaten das Gewehr gegeben. Sein Fluchen habe ich jahrelang gehört.

Hätten uns die Soldaten nicht an Land geholt, wären wir 3 Meter vor dem Ufer noch umgekommen.

Der Untergang der »Cap Arcona«[6]

Nur wenige Tage vor Kriegsende, am 3. Mai 1945, ereignet sich eine der größten Schiffskatastrophen der Geschichte in der Lübecker Bucht. Mehr als 7.000 Menschen kommen dabei ums Leben, wahrscheinlich Opfer eines tragischen Irrtums:

Britische Bomber versenken das deutsche Passagierschiff »Cap Arcona« und den Frachter »Thielbeck«. Beide

---

[6] Andersen, Imke; Probol, Britta: Untergang der »Cap Arcona«: Briten-Irrtum und NS-Kalkül, NDR 90,3, 03.05.2020, https://www.ndr.de/geschichte/chronologie/kriegsende/Tragoedie-am-Kriegsende-Der-Untergang-der-Cap-Arcona,caparcona100.html (abgerufen am 05.05.2020)

Schiffe liegen drei Kilometer vor der Küste; an Bord sind keine deutschen Truppenverbände, wie die Briten glauben, sondern evakuierte Häftlinge aus dem Hamburger KZ Neuengamme. Dass die Schiffe von der britischen Luftwaffe für Truppentransporter gehalten werden, war für die SS wohl Kalkül.

Die »Cap Arcona« war ein 330 Meter langer Luxusliner, der später der Kriegsmarine unterstellt wurde.

Am 3. Mai 1945 wird die »Cap Arcona« von der englischen Luftwaffe im Großeinsatz mit 64 Raketen getroffen und im Handumdrehen steht das Schiff in Flammen. Die SS versucht die Häftlinge unter Deck zu halten, während die wenigen funktionstüchtigen Rettungsboote zu Wasser gelassen werden. Von den KZ-Häftlingen überleben 350 (darunter unser Herr Mohr) durch Zufall. Von der Besatzung können sich aber 80 Prozent in Sicherheit bringen, darunter der Kapitän Betram. Viele Opfer werden in Massengräbern entlang der Küste zwischen Neustadt und Pelzerhaken vergraben.

Pelzerhaken – Neustadt

Der 3. Mai 1945 wird für alle Überlebenden unvergesslich bleiben.
Wir waren gerettet.

Zu den englischen Soldaten kamen auch einige Bewohner, um zu helfen. Dann wurden wir von den Soldaten in die Marine-U-Boot-Schule gebracht. Man öffnete das Bekleidungslager. Jeder nahm sich das, was einigermaßen passte. So langsam begriffen wir nun, dass wir alles überstanden hatten. Jens blieb erst einmal bei uns – er gehörte zu uns.

Am 6. Mai 1945 wollten wir den Toten die letzte Ehre erweisen.

Am Waldrand war ein großes Massengrab ausgehoben und man begann mit der Bestattung. Auch wir halfen mit, die Leichen zu bestatten. So gut, wie wir es vermochten, bauten wir aus Steinen ein Ehrenmal und schrieben mit ganz großen Buchstaben:

»EWIGES GEDENKEN DEN GEFANGENEN DES KONZENTRATIONSLAGERS NEUENGAMME. SIE VERUNGLÜCKTEN BEIM UNTERGANG DER CAP ARCONA«

Die entsetzliche Tragödie am 3. Mai 1945 in der Bucht von Neustadt/Ostsee – nur wenige Stunden vor dem Einmarsch der englischen Truppen – findet nicht so leicht ihresgleichen in der Geschichte der Menschheit.

Am 7. Mai kam der englische Soldat, dem ich das Gewehr gegeben hatte, zu mir. Wir fuhren in eine Kaserne. Ich wurde dort von den Soldaten, die uns aus dem Wasser geholfen hatten, mit lautem Hallo begrüßt. Der Major sprach mich auf Deutsch an: »Wir haben euch gerettet, du uns aber auch.«

Ich musste erzählen, wo ich zu Hause bin. Als ich sagte, dass wir aus Lübeck und der näheren Umgebung sind, sagte der Major, dass wir bald nach Hause kommen würden. Ich sprach über das tolle Verhalten von Jens, wie er uns alle gerettet hatte und der Major sagte daraufhin, dass er ihn kennenlernen wolle.

Mittlerweile hatten die Soldaten unsere Gruppe aus der Kaserne geholt. Der Major gab Jens die Hand und sagte zu ihm: »Du kommst nicht in Gefangenschaft. Ich bringe euch nach Lübeck und dann sehen wir weiter.«

Am nächsten Tag hieß es, dass sich alle melden sollen, die nach Lübeck wollen. Bei diesem Treffen wurden unsere Namen aufgeschrieben. Da hörte ich den Namen Frieda Mohr. Als ich dann diese Frau von vorn sah, dachte ich, das kann nicht deine Mutter sein. Diese toten Augen. Wir sahen uns an, aber es gab kein Erkennen. Erst auf meine Frage: »Wo wohnen Sie?«, kam als Antwort unsere Adresse.

»Dann bist du meine Mutter. Ich bin Günter«, sagte ich und wollte sie umarmen. »Du lügst«, sagte sie nur und wollte sich abwenden. Mit versteinerter Miene sah sie mich an – doch dann gab sie mir zögernd ihre Hand. Die anderen Leute, die das Ganze miterlebten, waren genauso sprachlos wie ich. Erst nach Stunden hatte ich sie überzeugt, dass ich wirklich ihr Sohn bin.

Meine Mutter hat nie darüber gesprochen, was man ihr alles angetan hat. Aber eine Frau, die mit ihr in Neuengamme war, hat mir einiges erzählt. Es hat Jahre gedauert, bis sich meine Mutter einigermaßen erholt hat.

Neustadt – Lübeck, 9. Mai 1945

Alle, die nach Lübeck wollten, trafen sich am Vormittag in der Kaserne.

Dort stand ein Bus bereit, der uns nach Lübeck bringen sollte. Der Major kam, um uns zu begrüßen. Wir erkannten ihn kaum wieder in seiner sauberen Uniform. »Ich begleite Sie nach Lübeck und sorge dafür, dass keine Schwierigkeiten auftreten«, sagte er zu uns. Dann fuhren wir ab.

Gegen 14.00 Uhr waren wir in Lübeck und fuhren nach Marli in eine Kaserne. Dort gab es etwas zu essen. Jeder bekam außerdem ein Care-Paket. Darin waren Esswaren für mehrere Tage. Dann konnte jeder seine Heimreise antreten. Wir hatten schon vorher darüber gesprochen, dass unser Haus von einer Nazi-Familie bewohnt wird. Deshalb fuhr uns ein Soldat, der auch deutsch sprach, nach Hause. Er sagte zu den Leuten, dass die Wohnung innerhalb von zwei Stunden geräumt sein musste. Als wir dann nach zwei Stunden unser Haus betraten, war unsere Wohnung ausgeräumt und sauber. Die Möbel waren alle gut gepflegt worden. Anscheinend war die Wohnung schon geräumt worden, als wir ankamen. Unsere Hausmitbewohnerin, Frau Hartenhoff, kam herunter und begrüßte uns sehr herzlich. Sie sagte uns, dass unsere Sachen auf dem Dachboden verstaut wären.

Die gesamte Wäsche, Kleidung, Töpfe, Geschirr und sonstige Sachen fanden wir gut verpackt wieder. Damit hatten wir nicht gerechnet. Jetzt wartete viel Arbeit auf uns. Es begann das große Einräumen.

Am nächsten Tag kam Jens zu uns in Zivilkleidung. Auch er hatte ein Care-Paket unter dem Arm und seine Reisepapiere in der Tasche. Er blieb noch ein paar Tage. Dann konnte er in einen Zug steigen und nach Hause fahren.

Unser Major wurde später Stadtkommandant von Lübeck.

Zusammenfassung

Die Leidensgeschichte, chronologisch zusammengefasst, begann bei Herrn Mohr am 2. November 1937, als er als 7-jähriger Junge in die SS-Kaserne Lübeck-Karlshorst verschleppt wurde.

Es folgte ein anderes Lager, an welches sich Herr Mohr nicht mehr erinnert.

Schließlich kam ab Mai 1938 eine schlimme Zeit bei den Großeltern väterlicherseits. Der Vater des Betroffenen hatte sich nach Mainz abgesetzt – »weil er Schiss hatte, da seine Frau Sinti war«, sagte Herr Mohr. Die Familienangehörigen väterlicherseits waren größtenteils Nazis und deshalb behandelten sie den jungen Herr Mohr auch so hässlich.

Kurz vor Weihnachten 1938 wurde er dann in ein Barackenlager unter der Holtenauer Hochbrücke verbracht.

Nach Weihnachten 1939 kam er für mehrere Jahre nach Bergen-Belsen.

Es folgte das KZ-Außenlager Kaltenkirchen-Neuengamme. Hier litt er unter der »Versuchsreihe U-Boot«. Es waren Versuche in einem kleinen abgedichteten Raum mit Überdruck und Quecksilber. Es sei ein kleiner Kasten gewesen, der auf einem Lkw montiert wurde. Zu Beginn der Experimente waren sie 20 Kinder zwischen 12 und 17 Jahren. Nach etwa zwei Monaten waren es nur noch

17 Kinder, dann nur noch 13 Kinder. In dieser Zeit kam es zur Tötung eines Nazi-Schergen.

Schließlich erfolgte die Evakuierung bis zur Neustädter Bucht am 28. April 1945.

Das Leben nach dem 8. Mai 1945

Herr Mohr und ich sitzen zusammen in seiner Wohnung und trinken eine Tasse Tee. Trotz aller schlimmen Ereignisse sei er ein glücklicher Mensch. Er habe sieben Kinder, zwölf Enkel und vier Urenkel.

Er lebe glücklich mit seiner zweiten Frau an seiner Seite.

Wie ging es 1945 weiter?

Er sei in einem schlechten Allgemeinzustand gewesen. Englische Ärzte hätten ihm gesagt, dass sein Blut durch die vielen Menschenversuche an ihm »schlecht« wäre – vor allem durch die Versuche mit Quecksilberdämpfen.

Trotzdem sagte er bei Beginn der »Nürnberger Prozesse« in Lüneburg gegen Wachmänner des KZ Bergen-Belsen als Zeuge aus.

Dann folgten anstrengende »Blutwäschen«, 36 Tage lang; danach hätte er eine Ruhephase von 36 Tagen gehabt. Dann wieder Blutwäschen. Das Ganze über einen Zeitraum von 2,5 Jahren.

Mit dem »englischen Blut« habe er dann überlebt. Er wurde zwei Jahre in England behandelt. Zwei große Operationen folgten – Tritte der Nazis ins

Gesicht hatten schwere Folgen hinterlassen. Im linken Unterkiefer wurde eine Platte eingesetzt und ein Schädeldefekt links wurde ebenfalls mit einer Platte versorgt.

Als er wieder arbeitsfähig war, machte er beim Minenräumdienst in Helgoland mit. Die Arbeit war lebensgefährlich, wurde aber gut bezahlt.

Insel Helgoland[7]

Am 18. und 19. April 1945 fliegen die Briten mit knapp 1000 Flugzeugen den letzten großen Bombenangriff des Zweiten Weltkrieges. Ziel ist Helgoland. Manche behaupten, dass die Briten mit der »Operation Big Bang« die gesamte Insel sprengen wollten.

Nach dem Krieg gingen jedoch die Bombardements auf Helgoland weiter, denn die Insel diente der britischen Luftwaffe als Übungsziel.

Am 29. Februar 1952 lassen die Briten Helgoland als Trümmerwüste zurück.

Es werden Freiwillige gesucht, die Tausende von

---

[7] Iken, Katja: Inselsprengung in der Nordsee – Hell-Go-Land! Spiegel-online, 18. April 2017
spiegel.de/geschichte/big-bang-auf-helgoland-1947-wie-die-insel-der-sprengung-trotzte-a-1142999.html
(abgerufen am 26.04.2020)

Blindgängern und Tretminen unschädlich machen sollen. Dabei ist Herr Mohr, der die für ihn gut bezahlte Arbeit unter Lebensgefahr ausführt und auch das Entschärfen der Bomben (»Bienchen«) überlebt.

Er konnte nicht lesen und nicht schreiben, als der Krieg und die Schrecken vorbei waren. Nach Deutschland zurückgekehrt, fand er einen Job als Laufbursche für das Landesarbeitsgericht in Mainz. Dort begegnete er auch Adenauer.

Nebenbei lernte er auch Lesen und Schreiben.

Literaturverzeichnis

ANDERSEN, IMKE; PROBOL, BRITTA: Untergang der »Cap Arcona«: Briten-Irrtum und NS-Kalkül, NDR 90,3, 03.05.2020
https://www.ndr.de/geschichte/chronologie/kriegsende/Tragoedie-am-Kriegsende-Der-Untergang-der-Cap-Arcona,caparcona100.html (abgerufen am 05.05.2020)

ARENDT, HANNAH: Elemente und Ursprünge totaler Herrschaft, 20. Auflage, Piper, 2017.

DOKUMENTATIONS UND KULTURZENTRUM DEUTSCHER SINTI UND ROMA / HEIDELBERG
https://dokuzentrum.sintiundroma.de/
(abgerufen am 26.04.2020)

GEDENKSTÄTTE BERGEN-BELSEN
https://bergen-belsen.stiftung-ng.de/de/geschichte/
(abgerufen am 24.04.2020)

HERTZ-EICHENRODE (HRSG.): Ein KZ wird geräumt. Häftlinge zwischen Vernichtung und Befreiung. Die Auflösung des KZ Neuengamme und seiner Außenlager durch die SS im Frühjahr 1945, Bd. 1 und 2, Edition Temmen, 2000.

IKEN, KATJA: Inselsprengung in der Nordsee – Hell-Go-Land!, Spiegel-online, 18. April 2017
spiegel.de/geschichte/big-bang-auf-helgoland-1947-wie-die-insel-der-sprengung-trotzte-a-1142999.html (abgerufen am 26.04.2020)

KZ-Gedenkstätte Neuengamme
   https://www.kz-gedenkstaette-neuengamme.de/
   index.php?id=413
   (abgerufen am 26.04.2020)
Sinti und Roma-Union Rhein Main und Hessen
   https://sintiundroma-rhein-main.de.tl/Kinder-
   im-KZ.htm
   (abgerufen am 24.04.2020)
   https://sintiundroma-rhein-main.de.tl/Medizin
   ische-Experimente.htm
   (abgerufen am 24.04.2020)